# Inhalt

**Die vorgezogene Bundestagswahl 2005 - Resümee und Koalitionsmöglichkeiten**

Kernthesen

Beitrag

Fallbeispiele

Weiterführende Literatur

Impressum

# Die vorgezogene Bundestagswahl 2005 - Resümee und Koalitionsmöglichkeiten

*I.Lukmann*

## Kernthesen

- Die Bundestagswahl wurde bestimmt durch Themenbereiche wie den Arbeitsmarkt, Umwelt, Steuern sowie Finanzen. (6), (7), (10)
- Ein Novum in dieser Wahlperiode war die Neugründung der so genannten WASG und die Umbenennung der PDS in die Linkspartei. (3), (6), (8), (9), (12)
- Die Wahlprogramme sind aufgrund des kurzen Wahlkampfes in ihrem Umfang

stark reduziert worden. (2), (4)
- Der Wahlausgang ist für alle Parteien und die Öffentlichkeit überraschend gewesen. (14), (19), (21)
- Derzeit werden verschiedene Koalitionsmöglichkeiten in allen Parteien intensiv diskutiert. (15), (16), (18), (19), (22)

# Beitrag

Die Wahl entscheidenden Themen sind gleichzeitig auch die größten Herausforderungen, denen sich Deutschland gegenüber sieht. Dies sind allen voran die Themen Arbeitsmarkt, Umwelt, Steuern und Finanzen.

Mit Hilfe der Zustimmung des Bundespräsidenten Horst Köhler und der abgewiesenen Klagen der Bundestagsabgeordneten Werner Schulz und Jelena Hoffmann gegen die vorzeitige Auflösung des Bundestags durch das Bundesverfassungsgericht, fanden nun vorgezogene Bundestagswahlen am 18. September 2005 statt. Aufgrund der knappen Zeit war eine ausführliche Wahlkampagne in dieser Wahlperiode nicht möglich. Die verschiedenen Parteien haben daher in aller Eile ihre Parteiprogramme vorgestellt. (13)

# Die neue Linkspartei

In diesem Sommer ist eine Gruppierung namens WASG (Die Wahlalternative Arbeit & soziale Gerechtigkeit) gegründet worden. Zahlreiche führende Sozialdemokraten und Gewerkschafter haben sich dieser Vereinigung angeschlossen. Im gleichen Zuge hat sich die bisherige PDS in die neue Linkspartei umbenannt. Nach Ansicht der Führungspersonen der neuen Linken und der WASG soll eine rasche Fusion vollzogen werden. Dennoch wird der Wahlkampf separat gestaltet, da naturgemäß in beiden Lagern in vielerlei Hinsicht unterschiedliche Meinungen und Ansichten vertreten sind. Eine Einigung wird daher sorgfältig geplant. (3)

# Kanzlerkandidatin

Zweites Novum der Wahl 2005 war neben der neuen Linkspartei, der WASG auch die erstmalige Kandidatur einer Frau zur Bundeskanzlerin. Hierbei hatte die Kandidatin der CDU/CSU, Angela Merkel, allerdings einige Hürden zu überwinden. Einerseits sah die öffentliche Meinung den aktuellen Kanzler, Gerhard Schröder, in allen Standarddisziplinen der Polit-Show als überlegen an. Andererseits hatte Frau

Merkel im Vorsitzenden der Schwesternpartei, Edmund Stoiber, bislang keinen Teamplayer für ihre Partei gefunden. Stoibers Versuch, einen Spaltungswahlkampf West gegen Ost auszutragen, sorgte in jedem Fall nicht dafür, dass sich ihre Wahlchancen verbesserten. (2), (6)

## Inhalte der Wahlprogramme

Inhaltlich haben die Parteien SPD, CDU/CSU, Bündnis 90/Die Grünen und die Linkspartei/PDS verstärkt auf Personen und Schlagworte gesetzt, weshalb die einzelnen Wahlmanifeste deutlich knapper formuliert waren als dies in der Vergangenheit üblich war. So genügte beispielsweise der neu firmierten Linkspartei ein Programm mit 28 Seiten, wohingegen das Regierungsprogramm 2005 2009 der CDU/CSU bereits 39 Seiten umfasste. Die FDP hatte in ihrem Deutschlandprogramm 2005 mit 57 Seiten bereits deutlich mehr zu sagen. Die SPD dagegen legte ein Wahlprogramm von 43 Seiten vor. Unschlagbar mit umfangreichen 120 Seiten ist das Programm der Grünen. (4), (11)

# CDU/CSU

Die CDU/CSU bietet zahlreiche Vorschläge zum Thema Flexibilisierung des Arbeitsmarktes an. Hierzu gehören beispielsweise größere Lohnspreizung und geringere Abgabenlast auf Arbeitseinkommen, die die Agenda 2010 sinnvoll ergänzen sollen. Die CDU/CSU möchte, im Falle eines Wahlsieges, auf Themengebiete wie Bürokratieabbau, neue Kapital- und Unternehmensbesteuerung sowie Bildungsförderung ein Augenmerk haben. (11)

# FDP

Die FDP fokussiert in ihrem Lösungsmodell zum Thema Arbeitsmarktpolitik den Anstieg des Wettbewerbs, welcher durch ein radikales Entstaatlichungsprogramm ermöglicht werden soll. Hierzu gehört unter anderem die Auflösung der Bundesagentur für Arbeit und eine Abkoppelung der Sozialversicherung von den Löhnen. Die FDP hat sich außerdem zum Ziel gemacht, die vollständige Privatisierung der Krankenkassen sowie eine zunehmende Umsetzung von Arbeitsbeschaffungsmaßnahmen voranzutreiben. (11)

# SPD

Auf dem Programm der SPD steht die Weiterführung der Reformen der Agenda 2010. Außerdem soll mittels einer Reichensteuer, Bürgerversicherung und Mindestlöhnen in Deutschland mehr soziale Gerechtigkeit umgesetzt werden. Zusätzlich soll eine niedrige Körperschaftssteuer Investoren locken. Die SPD möchte durch ihr Programm die Richtigkeit ihrer bisherigen Politik ausdrücken. (11)

# BÜNDNIS 90/DIE GRÜNEN

Die Grünen bearbeiten systematisch die Bereiche Generationengerechtigkeit sowie Ressourcenknappheit. In den Lösungsansätzen kombinieren die Grünen zahlreiche Konzepte miteinander. So gibt es marktwirtschaftliche Ansätze im Bereich des Umweltschutzes sowie eine Variation des Konzeptes der Bürgerversicherung der SPD. (11)

## Die Linkspartei

Die ehemalige PDS thematisiert in ihrem Programm

zum Thema Wirtschaftspolitik im Wesentlichen eine gerechte Verteilung der vorhandenen Ressourcen. Die Linkspartei vertraut dabei auf die regulierende Stärke des Staates ist der Tenor der Aussagen. Daher sollen auch milliardenschwere Programme die Konjunktur anregen. (3), (6), (7), (8), (9), (12)

## Mögliche Koalitionen

Der Ausgang der Bundestagswahlen ist überraschend gewesen. Das vorläufige Endergebnis liegt nach Dimap-Hochrechnungen der ARD für die CDU/CSU bei 35,2 Prozent und knapp dahinter 34,1 Prozent für die SPD. Die potentiellen Koalitionspartner FDP mit 10,0 Prozent und die Grünen mit 8,1 Prozent haben ihre Ergebnisse verbessert oder sind bei einem ähnlichen Ergebnis, verglichen mit den vergangenen Bundestagswahlen, geblieben. Die neue Linkspartei hat ihre Erwartungen mit 8,6 Prozent übertroffen. (14)

Die Koalitionsverhandlungen werden sich aufgrund der Ergebnisse in den kommenden Wochen sehr schwierig gestalten. Verschiedene Möglichkeiten sind denkbar, und werden derzeit rege diskutiert. (15)

# CDU/SPD

Die Ergebnisse der Bundestagswahl sind nicht eindeutig zugunsten einer Partei ausgefallen. Die wahrscheinlichste Variante stellt eine große Koalition aus SPD und CDU/CSU dar. Einerseits sind sich die Parteien inhaltlich in ihren Programmen sehr nahe und andererseits besteht aufgrund einer bereits jahrelangen informellen Koalition im Bundesrat, Bundestag und Vermittlungsausschuss ohnehin eine gewisse Übung in der Zusammenarbeit. Viele Experten erhoffen sich durch eine große Koalition endlich eine handlungsfähige Regierung. (19), (21)

Allerdings finden sich in den Programmen der beiden Parteien finden sich sehr unterschiedliche Vorstellungen: So will die SPD beispielsweise den Subventionsabbau an anderen Stellen als die CDU. Unterschiede zwischen der Union und der SPD gibt es auch hinsichtlich der Bürgerversicherung und dem alternativen Konzept der Gesundheitsprämie. (6), (8), (10)

# Die Jamaika Koalition

Eine Alternative zur großen Koalition könnte die so genannte Jamaika-Koalition aus Union, FDP und

Grünen darstellen. Aus der Sicht der FDP ist eine solche Kombination umsetzbar. Auch die Grünen sind derzeit für Gespräche offen. (16), (18), (22)

Eines der wichtigsten wirtschaftspolitischen Ziele einer Koalition zwischen CDU/CSU und FDP ist die Verbesserung der Situation am Arbeitsmarkt. So fordert Merkel die Vorfahrt für Arbeit und Westerwelle die Arbeit hat Vorfahrt. Einigkeit zwischen CDU/CSU und FDP besteht auch hinsichtlich der Lockerung von Flächentarifverträgen und im Wesentlichen bei dem Thema Einkommensteuerreform. Dagegen haben die Union und die FDP unterschiedliche Konzepte zur Reform der Sozialversicherung. Während die Union weiterhin einer staatlichen Regulierung durch neue Finanzierungsformen wie etwa der Gesundheitsprämie den Vorzug geben würde, wollen die Liberalen beispielsweise die Krankenversicherung komplett privatisieren. (6), (7), (8), (11)

## Die Ampel-Koalition

Die Umsetzung einer Ampel-Koalition aus SPD, FDP und den Grünen scheint aktuell sehr schlechte Chancen zu haben. Eine solche Koalition wird vor allen von Seiten der FDP ausdrücklich ausgeschlossen. (20)

## Fallbeispiele

Die Commerzbank greift mit einem neuen Konzept das Thema Bundestagswahl 2005 auf. Dafür hat sie ein neues Sparkonto entwickelt, bei dem der Zins an die Höhe der Wahlbeteiligung gekoppelt ist. Im Klartext bedeutet dies, dass bei einer Wahlbeteiligung von 79 Prozent 2,79 Prozent Zinsen und entsprechend 2,84 Prozent bei einer Wahlbeteiligung von 84 Prozent von der Commerzbank an den Kunden bezahlt werden. Kalkulierbar wird das Angebot der Commerzbank für den Kunden dadurch, dass die Wahlbeteiligung der vergangenen Wahlperioden zwischen 78 und 84 Prozent lag. Die Kontoeröffnung sollte allerdings bis zum 15. September 2005 erfolgt sein. (5)

Das Handelsblatt, der Tagesspiegel, die Zeit und die Neue Osnabrücker Zeitung haben zu Beginn der Bundestagswahl eine Internet-Wahlbörse eröffnet. Unter dem Namen Wahlstreet können virtuelle Partei-Aktien gehandelt werden. Ziel war es, so genau wie möglich eine Prognose zum Ausgang der Wahl bis zum 18. September 2005, 18 Uhr abzugeben. Die Teilnahme ist mit einem Startkapital zwischen 5 und 50 Euro möglich. Hierfür bekommt jeder Teilnehmer nach Ende der Bundestagswahl den Gegenwert seines Depots zum Auszahlungskurs des realen Wahlergebnisses ausbezahlt. (7)

## Weiterführende Literatur

(1) Die Seehofer-Partei
aus Impulse vom 01.09.2005, Seite 3

(2) Faule Kompromisse
aus Capital vom 18.08.2005, Seite 3

(3) "Wir halten nicht die rechte Wange hin"
aus HORIZONT 33 vom 18.08.2005 Seite 024

(4) Wahl 2005: Viele Bekenntnisse, wenige Lösungskonzepte
aus www.powernews.org Meldung vom 16.08.2005 - 14:55

(5) O.V., Commerzbank koppelt Zins an Wahlbeteiligung, www.horizont.net, 11.08.2005
aus www.powernews.org Meldung vom 16.08.2005 - 14:55

(6) Der Zauber des Neuen Alle Parteien versprechen die Wende zum Besseren. Hält Angela Merkel den Schlüssel zum Erfolg in der Hand? Die Bertelsmann

Stiftung analysiert exklusiv die Wahlprogramme.
WAHLEN 2005\Regierungsprogramme
aus Capital vom 04.08.2005, Seite 18

(7) O.V., Internet-Wahlbörse zur Bundestagswahl
gestartet, www.horizont.net, 25.07.2005
aus Capital vom 04.08.2005, Seite 18

(8) Deutschland vor der Wahl Der Kanzler hat erreicht, was er wollte: \ Der Bundestag hat ihm das Misstrauen ausgesprochen. \ Jetzt ist der Weg frei für Neuwahlen. Die Zeichen stehen auf Machtwechsel. Die Entscheidung * Wahlprogramme Welche Themen jetzt im Wahlkampf besonders wichtig für die Aussichten von Wirtschaft und Börse sind * Reformbaustellen Expertenempfehlungen im Vergleich mit den bislang bekannten Reformvorhaben der beiden Volksparteien * Vorbilder OECD-Chefvolkswirt Jean-Philippe Cotis spricht den Deutschen Mut zu tieferen Veränderungen zu * Geldanlage Politische Börsen haben kurze Beine, aber je nach Wahlausgang werden für einige Branchen die Weichen neu gestellt
aus Börse Online vom 07.07.2005, Seite 16

(9) Schmergal, Cornelia, Neuwahlen 2005, Entscheidungshilfe für die Bundestagswahl Folge 2: Die Wirtschafts- und Finanzpolitik, Welt am Sonntag, 14.08.2005, S. 6
aus Börse Online vom 07.07.2005, Seite 16

(10) Wahlverwandtschaften Passen Union und SPD in einer großen Koalition zusammen? Die größten Differenzen liegen in der Arbeitsmarktpolitik
aus DIE WELT, 10.08.2005, Nr. 185, S. 3

(11) Das FDP-Wahlprogramm 15, 25, 35 PROZENT Steuern, Bundesagentur für Arbeit zerschlagen, private Krankenversicherung, keine höhere Mehrwertsteuer.
aus Hamburger Abendblatt, 26.07.2005, Nr. 172, S. 2

(12) Die Programme der Parteien zur möglichen Bundestagswahl
aus Frankfurter Allgemeine Zeitung, 13.07.2005, Nr. 160, S. 12

(13) Neuwahlen zum Bundestag können am 18. September stattfinden Karlsruhe gibt grünes Licht
aus Die SparkassenZeitung, 26.08.2005, Nr. 34, S. 1

(14) Schröder will weiterregieren, Merkel beansprucht Kanzlerschaft Rot-Grün abgewählt - Union und SPD fast gleichauf - FDP legt zu - Rufe nach großer Koalition
aus DIE WELT, 19.09.2005, Nr. 219, S. 1

(15) O.V., DIE BUNDESTAGSWAHL, Große Koalition wahrscheinlicher, Frankfurter Allgemeine Zeitung, 20.09.2005, S. 2
aus DIE WELT, 19.09.2005, Nr. 219, S. 1

(16) Kult-Koalition Jamaika. Geht das? Alle reden von

der Jamaika-Koalition. Was ist das, und wäre sie gut für Deutschland?
aus B.Z., 20.09.2005, Nr. 0, S. 1

(17) Gegen Neuwahl: 33 Prozent für Große Koalition
aus netzeitung.de vom 20.09.2005

(18) Jamaika-Koalition
aus Financial Times Deutschland vom 20.09.2005, Seite 2

(19) Überfällige große Koalition
aus Financial Times Deutschland vom 20.09.2005, Seite 34

(20) Bundestagswahl 2005 FDP ist offen für Koalition mit Union und Grünen Parteichef Westerwelle erteilt SPD erneut Absage
aus DIE WELT, 20.09.2005, Nr. 220, S. 2

(21) Verbände plädieren für große Koalition Rasche Regierungsbildung mit stabiler Mehrheit gefordert - Gewerkschaften bewerten schwaches Ergebnis der Union positiv
aus DIE WELT, 20.09.2005, Nr. 220, S. 13

(22) "Jamaika-Koalition" kommt für die GAL nicht in Frage
aus DIE WELT, 20.09.2005, Nr. 220, S. 38

# Impressum

## Die vorgezogene Bundestagswahl 2005 - Resümee und Koalitionsmöglichkeiten

**Bibliografische Information der deutschen Nationalbibliothek**

Die Deutsche Nationalbibliothek verzeichnet diese Publikation in der deutschen Nationalbibliografie; detaillierte bibliografische Daten sind im Internet über http://dnb.d-nb.de abrufbar.

ISBN: 978-3-7379-1608-0

© 2015 GBI-Genios Deutsche Wirtschaftsdatenbank GmbH, Freischützstraße 96, 81927 München, www.genios.de

Alle Rechte vorbehalten. Dieses Werk ist einschließlich aller seiner Teile – z.B. Texte, Tabellen und Grafiken - urheberrechtlich geschützt. Jede Verwertung außerhalb der Grenzen des Urheberrechtsgesetzes bedarf der vorherigen Zustimmung des Verlags. Dies gilt insbesondere auch für auszugsweise Nachdrucke, fotomechanische

Vervielfältigungen (Fotokopie/Mikroskopie), Übersetzungen, Auswertungen durch Datenbanken oder ähnliche Einrichtungen und die Einspeicherung und Verarbeitung in elektronischen Systemen.